AF296615

L 7 k
1759

Lk 1759.

MEMOIRES

POUR soutenir la Relique de Nôtre-Dame de Châlons.

Envoyés par un Paroissien de cette Eglise, à M.... Avocat à Paris.

MONSIEUR,

J'ay appris avec plaisir que vous étiés chargé de la conduite de l'affaire que nous sommes obligés d'avoir au sujet de l'enlevement que Monsieur de Châlons a fait de la Relique qui étoit dans nôtre Eglise ; on ne pouvoit choisir personne qui fût plus capable de défendre nôtre bon droit, Je sçay que vos lumieres vous en fourniront aisément tous les moyens necessaires : Cependant, puisque vous voulés bien être informé des reflexions que j'ay faites à ce sujet, Je prens la liberté de vous les communiquer.

Vous sçavés mieux que moy les formalités requises pour la validité d'un Procez-verbal, aussi bien que d'une Visite episcopale dans une Paroisse ; j'ay toûjours oüy dire que les jours de ces sortes de Visites, & des continuations que l'on en pouvoit faire, devoient être indiqués & rendus publics : j'ay toûjours crû que les Procez-verbaux que l'on en faisoit devoient être dressés & signés sur le champ, & qu'il étoit d'une necessité absoluë d'en laisser copie à ceux quis'y trouvoient interessés, sur tout quand il s'agit de l'enleve-ment de chose sujette à reconnoissance ; Cependant vous obſerverés, Monſieur, qu'il n'a été fait aucun Procez-verbal lors de l'enlevement de cette Relique, & que ce n'eſt qu'à l'Auteur de la Lettre à un Docteur de Paris ſur cette Viſite de Monſieur de Châlons, que nous avons l'obligation d'être inſtruits qu'il y en ait eu un; il eſt, ou il a dû être du 19. d'Avril, & la Lettre, quoy-que datée du 9. de May n'a paru que le 24. ainſi on l'a tenu caché pendant cinq ſemaines; & même je ne ſçai ſi l'on peut dire que l'on en ait connoiſſance, ne l'ayant que par cette voye toute extraordinaire; Je ne croi pourtant pas qu'on veüille le deſavoüer, puiſque c'eſt l'Imprimeur de Monſieur l'Evêque qui le débite; je ſuppoſe que l'on n'aura pas manqué de vous en fournir un exemplaire.

Nous apprenons par ce Procez-verbal, que le ſujet de la Viſite étoit la neceſſité de regler les difficultés ſurvenües entre les Chanoines-Curés, & le Vicaire perpetuel de la Paroiſſe; où il comprend auſſi les Marguilliers.

Pour vous faire connoître, Monſieur, le veritable état de cette Parroiſſe (car on pouroit s'y méprendre, & l'on croiroit facilement que tout y ſeroit en diviſion,) vous ſçaurés que les Chanoines-*Curés*, quoy-que le Procez-verbal leur retranche cette qualité, & les Paroiſſiens ont été de tout temps dans une parfaite union, & qu'ils y ſont encore : qu'ainſi les conteſtations n'étoient qu'entr'eux d'une part, & le Vicaire de l'autre ; la charité m'empêche de vous faire le portrait de cet homme ; je me contenteray de vous dire que les Paroiſſiens, qui ont toûjours reſpecté ſes prédéceſſeurs, n'ont aucune confiance en luy, les raiſons en ſont aſſés connuës, il ſemble qu'il n'y ait que Monſieur de Châlons qui les ignore, puiſqu'il se fait un plaisir de le soutenir; Il a témoigné approuver une grande partie de quantité de demandes insolites qu'il a formées contre les Curés & les Paroissiens, c'étoit là le sujet des difficultés qu'il falloit regler, cela n'est point du nôtre; il sufit que vous sçachiés que c'est à la sollicitation de ce Vicaire que Monsieur de Châlons a enlevé nôtre Relique.

Vous voyés par son Procez-verbal, qu'il convient que c'est de nuit & après le soleil couché qu'il a fait cette expedition, ce terme m'échape, mais il n'est pas si mal placé, puisqu'on la veut faire passer pour une destruction d'idolatrie. Vous observerés qu'il n'y en avoit eu aucune indication, & que la résolution de visiter la Relique ne fut déclarée qu'un moment auparavant l'execution, seulement aux sieurs Courtois & Thevenin Chanoines, & aux cinq particuliers que M. de Châlons avoit choisis, & menés avec luy pour assister à l'examen qu'il faisoit à l'Evêché, des contestations cy-dessus, & que ces particuliers sont désavoüés autentiquement, comme n'ayant eu aucun pouvoir de representer les Paroissiens.

Ce fut donc ainsi, & malgré ce que pûrent remontrer les deux Chanoines qu'il étoit heure indûë, que Monsieur de Châlons se transporta à Nôtre-Dame, & en fit fermer les portes, circonstances que l'on supprime; il est vray qu'il s'y trouva encore quelques autres Chanoines, que leurs Confreres avertirent dans le moment, & qui furent tous également consternés de la profanation de la Relique, dont l'un des assistans choisis mâchoit sa portion avec du tabac, & que l'Accoucheur dont parle la Lettre, après l'avoir goûtée par l'ordre de Monsieur l'Evêque, essaya de caller avec ses dents, disant qu'elle n'avoit ny odeur ny saveur, suivant qu'il est porté au Procez-verbal ; dans lequel on a oublié de faire mention qu'il y avoit non seulement de la poussiere graveleuse, mais qu'il y en avoit aussi de la douce comme de la cendre, que l'air & le vent auront enlevée, & qui aura peut-être disparu à force d'être maniée, au cas qu'elle ne paroisse plus.

C'est, Monsieur, sur le témoignage unique de cet Accoucheur, qui convient qu'il ne faisoit pas grande attention à ce qu'il disoit, qu'il ne sçavoit à quelle fin on l'avoit mandé, & qu'il ne songeoit pas au S. Nombril en répondant aux questions qui luy furent faites ; c'est, Monsieur, sur ce fondement que l'on fait le procez à la Relique, ou pour mieux dire, qu'on l'enleve, & qu'on la proscrit sans forme ny figure de procez.

Il est vray que l'on en fait paroître aujourd'huy le Procez-verbal d'enlevement, mais on n'oseroit soutenir qu'il ait été ny dressé ny signé le jour de sa datte, ny par consequent qu'il ait été presenté aux Chanoines qui ont refusé de le signer, non plus qu'aux autres particuliers y dénommés qui l'ont signé ; ce ne fut que le jour du Vendredy saint, qu'ils furent mandés à l'Evéché pour le signer, & que Monsieur de Châlons dit aux Chanoines refusans qu'il les obligeroit bien de le faire ; ils en ont dressé de bons actes.

Il est vray aussi qu'au sortir de l'Eglise, Monsieur de Châlons se transporta chez Monsieur De Haroüys Intendant de la Province ; si ce Procez-verbal n'étoit pas dressé, vous voyés bien, Monsieur, qu'il ne fut pas signé non plus ce jour-là par Mr. De Haroüys.

Le même soir, dit-on, la pretenduë Relique, c'est ainsi que l'on la qualifie, fut visitée par le Medecin

Langenhert, par Dupré Chirurgien, & par six Ecclesiastiques *de comitatu Episcopi*; à l'égard du Medecin, c'est un Hollandois nouveau réüny, depuis
peu aux gages de Monsieur de Châlons qui est son
seul malade; Dupré est son Chirurgien, & tous ces
Messieurs sont étrangers, à l'exception de celuy qui
est son Confesseur; quoy-qu'ils n'ayent pas été éle-
vés comme les Châlonnois dans la veneration de la
Relique, ils conviendront pourtant qu'il ne fut fait
ce jour-là aucun Procez verbal; il y en a même qui
ont dit en bonne compagnie, qu'ils ne l'avoient signé que pendant les fêtes de Pâques.

On nous fait connoître qu'on en a dressé encore
un autre le 10. de May, c'est-à-dire trois semaines
aprés l'enlevement; cet acte est signé des Officiers de
la Justice de Monsieur de Châlons; en verité quand
il l'auroit fait signer encore par tous ses domestiques,
quel avantage en pourroit-il tirer ? Mais il ne dit
pas que ce même jour tous les Curés & tous les Marguilliers des Paroisses de Châlons avoient été mandés à l'Evêché sous un autre prétexte; que les Officiers de sa Justice, quoy-que tres-incompetens, é-
toient là tout prests pour donner la forme à la reconnoissance que l'on prétendoit tirer de tous ces assistans, qu'ils ne voyoient que de la pierre, ce qu'ils
refuserent de signer; & firent remarquer au contraire qu'ils y trouvoient des pellicules, ce qu'ils sou-
tiendront en temps & lieu.

Aprés cette attestation des Officiers de l'Evêché,
l'Imprimeur nous donne dans le même cahier la Remontrance qui a été presentée à Monsieur de Châlons par les Chanoines-Curés & les Paroissiens de
Nôtre-Dame, dans laquelle il s'est glissé quelques

fautes, soit d'impreſſion, ou de copiſte. Vous ſçaurés, Monſieur, que l'on a pris la liberté d'envoyer autant de cette Remontrance à Monſeigneur le Cardinal de Noailles, avec une Lettre tres reſpectueuſe ſignée des mêmes Députés, de ſorte que nous n'avons point à nous reprocher d'avoir omis aucune formalité de devoir & de bienſéance ; je joindray copie de cette Lettre à la fin de celle que j'ay l'honneur de vous écrire : mais, Monſieur, quel deſſein ont nos parties en donnant cette Remontrance au public, & pourquoy la qualifier de *Requeſte de quelques notables Paroiſſiens*, puiſqu'on nous donne enſuite l'Acte d'aſſemblée où elle a été réſoluë, qui fait voir que c'eſt une plainte generale de tous les Paroiſſiens qui ont unanimement conclu & déliberé dans la forme la plus ſolemnelle & la plus autentique, de ne rien épargner pour obtenir la reſtitution de la Relique.

Enfin l'on affecte, en ajoûtant le Procez-verbal de Charles de Poitiers, de la nommer la *Fameuſe* Relique, & de faire paroître une mauvaiſe traduction de ce Procez-verbal, dont vous avés apparemment l'original qui eſt latin, & où vous aurés reconnu que l'on donne une étrange ſignification au mot de *Nobilis miles*, voulant faire paſſer un Gentilhomme, un Officier de qualité, pour un ſoldat vagabond.

Vous aurés veû ſans doute, Monſieur, une Lettre d'un Habitué de Nôtre-Dame, qui releve agréablement toutes ces circonſtances, & qui remarque beaucoup d'autres ſuppoſitions dans la Lettre au Docteur, qu'il refute d'une maniere auſſi ſolide qu'enjouée : comme il ne l'a pourtant pas épuiſée, qu'il ſe contente d'en faire connoître le foible, d'en dé

7

couvrir l'esprit de flaterie, & d'en plaisanter avec
raison le stile burlesque & comique, qui ne convient
point du tout à une matiere aussi serieuse & aussi
sainte ; quoy-que cette Lettre au Docteur ne porte
pas de préjudice au fonds de nôtre affaire, & ne
détruise point les raisons qui l'appuyent, je ne crois
pourtant pas qu'il soit inutile d'y faire quelques observations.

On connoit assez que l'on a voulu insinuer d'abord
qu'il étoit fort douteux que Jesus-Christ ait eu un
umbilic, & que l'affirmative de cette proposition
s'accordoit mal avec la virginité de sa sainte Mere,
& la maniere pure dont il est venu au monde.

Je ne me pique pas de Theologie, mais il me semble, Monsieur, que la foy nous obligeant à croire
la conception surnaturelle & miraculeuse du Sauveur,
qui a été operée par le soufle ou par la vertu du S.
Esprit, sans la cooperation de l'homme ; que du reste, il y auroit de l'inconvenient à multiplier les mi-
racles, & à soutenir que le Verbe fait chair, n'en
ait pas eu toutes les proprietés dés le moment de son
incarnation, & qu'ainsi son humanité, c'est à dire
son corps, subsistant dans les flancs sacrés de la bien-
heureuse Vierge, n'ait pas tiré sa nourriture par le
nombril, & qu'elle y ait vécu d'une maniere diffe-
rente de celle dont les autres enfans vivent dans les
entrailles de leur mere. Ce sentiment favoriseroit fort
les heretiques qui ont soutenu que Jesus-Christ n'a-
voit eu qu'un corps phantastique, d'où il s'ensuivroit
que les mysteres de la Passion, de la Mort, de la
Resurrection n'auroient été que des illusions : il faut
donc être persuadé que puisqu'il a voulu se faire
homme, il s'est assujetti à l'ordre de la nature, en ce

qui ne répugne point à ce que la foy nous enseigne de la virginité de sa sainte Mere : *Natus ut homo, sed non genitus ut homo*, dit S. Augustin, il n'a point été engendré comme les autres hommes, mais il est né comme eux.

Tous les Canons du Concile general d'Ephese, tenu comme vous sçavés en 431. dans le temps que l'on ajouta à la Salutation Angelique le *Sancta Maria, mater Dei*, semblent dire que Marie n'a été veritablement Mere de Dieu, que parce que Dieu son fils s'étant fait homme, a vécu du sang de sa Mere, dans son chaste sein, comme il a été nourry de son lait aprés son enfantement.

Peperit secundùm carnem, carnem factum Dei verbum, dit le I. canon de ce Concile. *Verbum factum est caro, & communicavit similiter ut nos carni & sanguini*, dit le V. *Is qui ante secula omnia est natus ex Patre, etiam ex muliere carnaliter est procreatus in tempore . . . . in ipsa vulva uteroque virginali secum carnem conjunxit, & sustinuit generationem carnalem . . . . non enim dicit scriptura verbum Dei personam sibi hominis assumpsisse, sed carnem factum esse : id autem est ostendere Dei verbum similiter ac nos principium habuisse carnis & sanguinis*, dit le XIII. & dernier canon.

Qu'y a-t'il, Monsieur, de plus formel que ces decisions pour convaincre nos adversaires, que le Messie incarné s'est soumis aux loix de la nature humaine, puisque nous sommes obligés de croire, sous peine d'anathême, qu'il a participé comme nous à la chair & au sang, dés le ventre de sa Mere, & qu'il y a eu comme les autres hommes, les principes de chair &

de ſang. Il en eſt ſorti tout ſanglant, dit S. Jerôme, aprés y avoir ſouffert pendant neuf mois, toutes les incommodités des autres enfans, *novem menſibus in utero ut naſcatur, expectat, faſtidia ſuſtinet, cruentus eprᵈitur. Epᵉ 22. ad Euſtoch* Et quand ce Doc-teur a écrit contre Helvidius, n'a-t'il pas préciſé-ment dépeint ce Dieu enfant envelopé des membrâ-nes ordinaires, pour nous faire ſentir que plus il s'eſt abaiſſé, en ſe rendant conforme à nous, plus auſſi nous luy ſommes redevables: *ipſe tibi deſcribatur infans tegmine membranarum ſolito convolutus ... quantò ſunt humiliora quæ pro me paſſus eſt, tantò illi plus debeo.*

Tout le traité que Tertulien a intitulé *de carne Chriſti*, & auquel nous renverrons les curieux, ne prouve-t'il pas clairement cette verité du Verbe fait effectivement chair, & dans toutes les circonſtances qui peuvent accompagner la chair, à l'exception de la cooperation de l'homme, *negans ex concubitu, non negavit ex carne, &c.* Et quand il eſt ſorty, dit-il, de la clôture virginale, & qu'il en a été ſeparé, n'é-toit-il pas uny au ſang de ſa chaſte mere par le vaiſ-ſeau umbilical? *Quomodo avulſus eſt ex utero ma-tris, niſi per illum nervum umbilicarem, quaſi folli-culi ſui traducem adnexam origini vulva?*

Le raiſonnement des Critiques eſt fort foible, quand ils ſe retranchent à demander que deviendra ce nombril au jour de la reſurrection, & ſi Jeſus-Chriſt n'a pas repris toute ſa chair? *Quò ſe umbili-cus quæſo reponet?* dit l'Abbé Guibert, & Monſieur Thiers aprés luy; Je leur répons que le nombril n'ayant été partie integrante de l'humanité du Sau-veur que pendant le temps qu'il étoit dans le ſein de la Vierge, comme étant le canal necessaire de sa nourriture ; que le Seigneur n'a pas dû reprendre cette partie dans sa resurrection ; & que dans le temps de la consommation des siécles, son nombril aura le sort de ceux de tous les autres enfans ; Je leur répons en outre en suivant leurs argumens sur le prépuce, & sur l'envelope qu'ils disent qui auroit peû être également gardée ; qu'à l'égard du prépuce, si J. C. l'a repris, qu'il peut bien être que les restes que l'on en prétend avoir dans quelques endroits, ne sont que les restes du couteau de pierre qui fut imbu du précieux sang qui en coula au jour de la Circoncision ; & qu'à l'égard de l'envelope, c'est-à-dire la tunique ou la membrâne dans laquelle ce Dieu enfant étoit envelopé, qu'il n'y a aucune consequence à en tirer, si ce n'est qu'il a été parfaitement semblable aux autres enfans ; si cette membrâne n'a pas été gardée, & n'a peû se conserver, l'usage ne s'en étant point introduit, il ne s'ensuit pas qu'il en ait été de même du nombril, étant sans contestation que plusieurs personnes en ont gardé dans tous les temps.

La maniere miraculeuse, dont la pieté peut faire croire que J. C. est venu au monde, par penetration, & sans lesion du corps virginal de la plus pure & de la plus parfaite de toutes les créatures, n'a rien d'incompatible avec l'existence du nombril ; les vaisseaux umbilicaux par lesquels il avoit tiré sa nourriture, attachés au sang qui en avoit fourny la matiere, n'ont-ils pas dû suivre la sainte humanité par la même voye? Il faudroit pour en douter n'avoir pas la moindre connoissance de la physique, & toute la subtilité des raisonnemens abstraits que l'on pourroit faire contre les operations ordinaires de la nature, n'en détruira pas les principes.

Ce qui me paroît sans replique , c'est que si J. C. en naissant n'avoit point apporté d'umbilic , il n'auroit pas souffert toutes nos langueurs , pour parler le langage de l'Ecriture ; il se seroit soustrait à une partie des douleurs ausquelles tous les autres hommes sont assujettis , & qu'ils endurent dans le temps qu'on leur lie ce vaisseau proche de la chair . dans le temps qu'on le coupe environ à trois doigts de distance , & pendant les neuf premiers jours de leur vie , ce qui les met en risque de la perdre.

Peut-on d'ailleurs soutenir que J. C. se soit dispensé de cette infirmité naturelle , & accommoder cette doctrine avec ce que nous asseûre S. Paul dans l'Epître aux Hebreux , qu'il a ressemblé en tout aux autres hommes , voulant compatir à toutes leurs miseres , & qu'il n'a été exempt que du péché : *Non enim habemus pontificem qui non possit compati infirmitatibus nostris , tentatum autem per omnia , pro similitudine , absque peccato.* Or le nombril n'est pas un péché , ny la suite du péché.

Qu'il demeure donc pour constant que le Sauveur du monde a eu cette partie comme tous les autres hommes ; & si l'on voit tous les jours des meres la conserver par tendresse pour leurs enfans , on ne peut pas avec raison disconvenir qu'une Vierge ; Mere d'un homme Dieu , n'ait conservé avec soin cette portion de l'humanité de son Fils , dont la Religion nous doit empêcher de presumer la perte.

Ainsi la raillerie de l'Auteur de la Lettre au Docteur , sur la conservation de cette Relique , est impie ; & quoy-que ce ne soit point un article de foy de la croire , il n'est asseûrément pas permis de tourner cette matiere en ridicule; il fait trembler les veritables

Chrétiens, non seulement par raport à la mauvaise impression qu'il cause sur les esprits des libertins & des herétiques; mais encore par raport à toutes les Reliques generalement, que l'on expose à la veneration des fideles, dont le culte ne peut subsister, s'il faut pour les maintenir des preuves plus convaincantes de leur existence & de leur conservation, que celles que l'on a du S. Nombril.

Il fera, dit-il, apporter, si l'on veut, avec le P. Rapine Auteur des Annales Ecclesiastiques de Châlons, ce present à Charlemagne par un Ange; Il n'est pas necessaire d'avoir recours aux moyens extraordinaires, lorsque l'on en peut trouver de naturels. Et quelle impossibilité y a-t'il que cette Relique ait passé de main en main par des personnes pieuses? Mais pourquoy donner en cet endroit une idée ridicule de l'Autheur des Annales Ecclesiastiques de Châlons? N'est-ce point parce qu'il y raporte trop fidelement l'histoire de l'Evêque de cette ville Roger III. qui fut censuré rigoureusement par le Pape Alexandre II. pour avoir osé enlever la Relique de S. Memie patron du diocese; il enjoignit par sa Bulle adressée à Gervais Archevêque de Reims, de la faire restituer par cet Evêque, & de l'y contraindre par toutes les voyes les plus vives & les plus pressantes, & avec la fermeté la plus severe; la langue françoise n'a pas d'expressions si fortes que celles de la Bulle : *quòd si parère noluerit, virgâ magistratûs tui ex auctoritate sancti Petri ardentissimè feriatur.* Quoy-qu'il en soit, on sçait qu'on a parlé de cet Autheur avec mépris, en disant que c'étoit un Recollet; la plaisante injure! Je laisse à ceux qui y sont interessés le soin de la relever ; pour moy je suis persuadé qu'un Recollet Provincial de son Ordre, Gardien du Couvent de Paris, Lecteur en Theologie, & Prédicateur fort estimé en son temps, merite bien de ne point passer pour un visionnaire; & si aprés avoir raporté les conjectures naturelles & probables de la conservation de la Relique, il cite ce qu'en a dit Ste Brigide dans ses revelations, qui ne sont pas condamnées par l'Eglise; je ne trouve point qu'on le puisse faire passer pour un homme d'une trop grande credulité.

S'il est vray que cette Relique ait été long-temps à Rome, comme il est malaisé de détruire la foy des inscriptions qui étoient à S. Jean de Latran, & comme le prouve le Curé de Rome qui en a dédié son Traité au Pape Paul V. quel inconvenient y a-t'il d'admettre qu'une partie de ce dépôt sacré soit aujourd'huy dans l'Eglise de Nôtre-Dame de Châlons, qui en est en possession immemoriale, ce qui fait le meilleur de tous les titres ? Si l'on n'en retrouve plus l'acte d'apport, n'est ce pas ce qui augmente la preuve de la diuturnité de la possession, comme la meilleure noblesse est celle dont on ne se souvient plus du commencement.

Je pretens, Monsieur, que nous sommes dans ce cas, que nôtre possession est même beaucoup plus ancienne que ne l'avoit crû le Pere Rapine : Et cela fût bien remarqué lors que sur le point de porter nôtre Remontrance à Mr de Châlons, on y ajoûta que nôtre possession immemoriale, paroissoit encore par un ancien Cartulaire ou Ordinaire des Rites de nôtre Eglise de 1322. La curiosité de rechercher nos Titres a fait refeüilleter ce vieux livre, & puisque l'Auteur des Annales n'en a point parlé, c'est qu'il n'en avoit point eu de connoissance; la Relique n'étoit point contestée de son temps ; il n'avoit rien vû qui la concernât, de plus ancien que le Procez-verbal de Charles de Poitiers de 1407. la tradition étoit qu'elle devoit être en l'Eglise de Nôtre-Dame dés sa consecration ; il y en a eu une ceremonie faite par Pierre de Latilly ; L'Officier du Cardinal de Turenne n'a point dit de quelle datte étoit la Bulle de division qu'il avoit vuë ; le P. Rapine a crû que l'Evêque Pierre de Latilly étant Chancelier de France, auroit eu plûtôt qu'un autre cette gratification de la Cour de Rome ; Ces conjectures n'étoient pas sans fondement, & on les a suivies tant que l'on n'en a point eu de plus grand éclaircissement, ny de raison plausible de remonter plus haut.

Mais nôtre Ordinaire retrouvé fait sans doute presumer une bien plus grande antiquité ; voicy, Monsieur, ce qu'il porte au jour de la Circoncision.

Post matutinas duo Presbyteri & Choriales cum cappis quas habuerunt in matutinis vadunt in sacrarium, ubi Presbyter qui cantavit matutinas, assumptâ stolâ, sumit Umbilicum Domini, & defert ante majus altare, omni quâ potest reverentia, cantantibus omnibus antiphonam Salvator mundi, *cum versiculo* Verbum caro factum est; *& Presbyter dicit orationem* Deus qui nobis Nativitatis, &c. *quo facto Presbyter signat adstantes cum sanctuario, dicens* Benedictio Dei omnipotentis, &c. *& post hac, dat primò Canonicis, & Clericis, deinde astantibus aliis illud osculandum, & inde reponit in sacrario, ubi unus Presbyter capit illud quàm citò dies est, & portat ad locum paratum, ut præstet illud omnibus osculandum.*

Le même jour pendant la grande Messe.

*Post Agnus Dei, vadit Diaconus cum duabus tor-
chiis ad locum ubi est Umbilicus Domini, & defert
illum tantâ quantùm potest reverentiâ, ponens illum
super altare. & finitâ Missâ, signatoque populo à
sacerdote, de dicto Umbilico, dictus Diaconus reponit eum eò in quo attulerat.*

Cet ancien Manuscrit de 1322. que l'on ne soup-
çonne pas de faussceté ny d'alteration, & qui n'en peut
être argué, ne prouve-t'il pas, Monsieur, sans difficulté
une possession beaucoup anterieure à Pierre de Latilly,
puisque dans le temps même que cet Ordinaire a été
compilé, c'étoit luy qui occupoit le Siege de Châlons;
& s'il a fait une reconciliation de l'Eglise de Nôtre-
Dame, c'est parce qu'elle avoit été prophanée par son
prédecesseur immédiat Jean de Châteauvillain, qui
voulant priver le Chapitre de Châlons de ses droits
de jurisdiction spirituelle & temporelle sur cette Eglise, avoit poussé les violences, jusqu'à en rompre
& briser les bancs, & même à y mettre le feu.

S'il faut donc, suivant la tradition, placer l'apport
de la Relique dans le temps de la consecration de l'E-
glise, il faut rechercher plus haut cette ceremonie,
& il y a bien plus d'apparence qu'on l'aura euë dés
l'année 1183. que cette Eglise qui avoit fondu auparavant, se trouva rétablie sous le regne de Philippe
Auguste, & fut dediée solemnellement par l'Evêque
Guy III. du nom, suivant qu'il paroit par un manuscrit de l'Abbaye de S. Pierre, *anno 1183. Guido E-
piscopus benedixit Ecclesiam beatæ Mariæ in vallibus.*

Ce Guy étoit petit neveu de Godefroy de Boüillon
Duc de Lorraine & Roy de Jerusalem, fils de Godefroy II. du nom, Baron de Joinville, & frere de Godefroy III. aussi Baron de Joinville : Comme tous ces

Godefroys ont porté les armes contre les Infideles, en faveur de l'Eglise, ne pourroit-ce pas bien être par le moyen de cet Evêque que l'on auroit obtenu la Relique du S. Nombril, foit des Papes, fi elle étoit à Rome, comme il y en a de l'apparence, foit des Puiffances du Levant, fi elle y étoit encore, comme il n'eft pas abfolument impoffible.

Mais enfin s'il n'eft pas aifé de percer dans l'obfcurité des fiécles éloignés, fi le temps emporte avec luy la memoire même des évenemens les plus confiderables, les loix n'ont-elles pas prefcrit des termes pour établir la poffeffion & l'état des chofes ? Et fi l'état de notre Relique n'eft certain, qu'y aura-t'il deformais que l'on puiffe faire paffer pour alleûré ?

Mais, dit-on, & c'eft le fort de nos adverfaires, qui femblent triompher par ce raifonnement, qui n'en a néanmoins que l'apparence, ce que vous avés poffedé n'eft point le S. Nombril, ce n'eft que de la pierre, ce n'eft que de la poudre, & lorfque Charles de Poitiers a dreffé fon Procez-verbal il y a trois cens ans, il ne l'a point vûë ; ou bien ce qu'il a vû ne fubfifte plus, & l'on y a fubftitué cette pierre & cette poudre.

A l'égard de cette prétenduë fubftitution oü falfification, je répons en deux mots qu'elle a été impoffible ; quand la raifon, la juftice que l'on doit rendre à fon prochain, & la charité chrétienne n'en éloigneroient pas la penfée injurieufe ; les neuf clefs fous lefquelles la Relique étoit enfermée, & qui étoient en la poffeffion de differentes perfonnes, en auroient rendu l'altération abfolument impraticable : & lorfque l'Auteur de la Lettre infinuë que la facilité que l'on a eûë à ofter le criftal qui la couvroit, en relevant

le

le cercle avec la pointe d'un couteau, pourroit faire soupçonner que l'on y auroit porté & les yeux & les mains ? Lors, dis-je, qu'il fait faire cette reflexion piquante, pourroit-il dire quel autre instrument étoit plus propre pour relever un cercle d'argent autour d'un cristal, que la pointe du couteau d'un Orphévre? auroit-il voulu que l'on eût eu besoin pour cela d'une hache ou de quelque outil semblable ?

Je maintiens donc que l'on n'y a point touché, & je maintiens encore qu'il est impossible que Charles de Poitiers ne l'ait veuë : quoy-que l'on puisse avancer d'une prétenduë petite boëte, où l'on voudroit faire entendre que cette Relique étoit renfermée, & que Charles de Poitiers ne l'a point ouverte en la changeant de Reliquaire ; je soutiens qu'il ne s'est point trouvé dans le Reliquaire nouveau ; d'autre boëte que le Reliquaire même, & que lors que Monsieur de Châlons en eût fait faire l'ouverture, les morceaux de taffetas sortirent de la concavité l'un aprés l'autre, & parurent sur le corporal.

Comment pourroit-on persuader que Charles de Poitiers ne l'auroit point regardée ? Lors que la solemnité avec laquelle il a fait cette translation, & les termes dans lesquels il s'explique, exposant qu'il a tiré la Relique, démentent tout ce que l'on peut dire sur cela ; & que les trois Abbés, & les cinq Députés du Chapitre de la Cathedrale, dont les sceaux sont avec le sien, & qui ont assisté à cette ceremonie avec tout le Clergé, & tout le peuple du pays & des Villes voisines, la rendent tres-autentique ; & que l'acte qui en a été dressé, prouve que la possession est, comme je l'ay dit cy-dessus, beaucoup anterieure à la consecration ; ou plûtôt à la reconciliation de l'E-

B

glife, faite par Pierre de Latilly, depuis laquelle ne
s'étant pas alors paſſé un ſiécle entier, on n'en auroit
pas perdu le ſouvenir, & on n'auroit pas dit qu'il y
avoit un temps immemorial que ce précieux joyau
étoit à Châlons, *à longiſſimo tempore, & tanto quod
de hujus initio memoria hominum non exiſtit.*

(A) *Aperto per manum aurifabri dicto jocali ſeu vaſe
veteri, ſupradictam particulam pretioſiſſimi Umbilici
Domini ab eo extraximus, & in dictum jocale novum
in imaginem Domini noſtri J. C. in loco ad hoc diſpoſito
tranſtulimus, & cum quanta potuimus reverentia po-
ſuimus, & collocavimus.*

(B) *Clero, & populo civitatis Catalaunenſis, & plurium
circumvicinarum in copioſa multitudine propter hæc
ibidem congregato.*

Je ſoutiens enfin qu'on n'auroit point inſeré dans
ce Procez-verbal, la circonſtance du Gentilhomme
de Limoges, qui avoit vû à Rome le titre de cette
poſſeſſion, y ayant été au ſervice d'un Cardinal de
ſon pays, (choſe fort ordinaire) ſans un bon fondement, & ſans une meûre délibération, comme
une preuve non pas neceſſaire, mais ſurabondante,
& fort vray ſemblable, *inſuper ad fidem pleniorem.*

Le Prelat affirme qu'il ne la raporte qu'aprés en
avoir été certioré autant qu'on le peut être : il aſſeû-
re de même qu'il a approfondy la poſſeſſion, la tradition, l'état de cette ſainte Relique, autant qu'il eſt
poſſible de le faire : *Nos autem Carolus Epiſcopus
memoratus, de, & ſuper veritate præmiſſorum, pro
ut humanum eſt ſapere, condecenter informati.* Ce
qui exprime dans les termes les plus énergiques toute l'exactitude dont les hommes peuvent être ca-
pables.

Que falloit-il de plus en nôtre faveur, & pour

maintenir un établissement confirmé, que l'antiquité respectable de notre possession : dautant plus
considerable, que l'on ne trouve point ny dans la
Cathédrale, ny dans les autres Eglises, de titres au
delà de quatre ou cinq cens ans; qu'il n'y en a que
de datte bien moins ancienne dans les Secretariats
des Evêchés, & que souvent on ne s'est pas mis en
peine de dresser des actes de la reception des choses
qui interessent autant le public, comme étant au des-
sus des cas ordinaires; l'endroit où on les place, &
la pratique des ceremonies annuelles que l'on institué
en leur honneur, en font une preuve bien plus forte
& bien plus autentique que l'écriture. On ne va pas
en effet s'imaginer au sujet de notre Relique, qu'un
esprit de vertige ou d'imposture se soit autrefois em-
paré tout d'un coup & de l'Evêque, & des Prêtres
Seculiers & Reguliers, & des Magistrats, & du peuple de tout le diocese & de tout le pays, lorsque les
uns & les autres ont reçû ce dépôt, & que d'un consentement unanime, ils se sont accordés pour le re-
verer, & l'exposer seulement une fois tous les ans,
comme une tres-précieuse partie du S. Nombril du
Seigneur; Car enfin il y avoit un Gouvernement Ec-
clesiastique & Politique lorsque cette Relique a com-
mencé de paroître; il y en a toûjours eu depuis; &
quelque grossiereté, quelque ignorance qui ait peû
regner dans certains siécles, on n'oseroit soutenir
que l'on ait manqué de gens habiles & éclairés, qui
se seroient opposés à l'établissement & à la confirma-
tion d'une idolatrie. On ne présume pas naturellement que ce concours universel d'approbation & de
reconnoissance d'un peuple entier, soit intervenu sans
un fondement legitime, & sans que l'on ait observé

toutes les formalités neceffaires. L'euffiés-vous penfé, venerables Prelats, heureux ancêtres qui avés été les premiers témoins de cet évenement, les premiers dépofitaires de ce gage de benediction dont le ciel avoit favorifé vôtre temps, helas ! l'euffiés-vous penfé, que ce facré dépôt pût être ainfi enlevé ? qu'on pût l'ofter à vos defcendans fans fujet, fans examen, & qu'ils en pûffent être privés aujourd'huy, fans avoir commis aucun crime qui les ait rendus indignes de le poffeder ?

Il ne refte donc qu'à voir fi la matiere qui a parû de la pierre & de la poudre renverfe le fondement de nos prétentions.

Je n'entens pas les fecrets de la chymie, & je ne fuis pas affés habile naturalifte pour démêler icy toutes les operations de la nature, pour détailler tout ce que produit la coagulation des corps, & leur diffolution ; je ne fçay ce que c'eft que le *caput mortuum*, & le *terra damnata*, dont parlent ceux qui font initiés dans les myfteres de cet art ; je ne puis dire fi toute forte de matiere, aprés avoir effuyé differentes refolutions, ou revolutions, fe reduit enfin en ce qu'ils appellent *terre morte* ; matiere, dit-on, femblable à la cendre, ou cendre veritable fur laquelle les élemens ne peuvent plus agir, & incapable de recevoir aucune autre forme, n'en étant plus fufceptible ; je ne fçay fi dix-fept fiécles revolus auront peû produire naturellement cette terre morte, cette poudre douce qui s'eft trouvée à l'ouverture du Reliquaire ; je ne fçay fi quelques parties, peut-être plus folides & plus difpofées à refifter à l'édacité du temps, fi l'on peut hazarder ce terme, ont pû fe condenfer en efpeces de pierres, fi ces piertes n'ont point été poudre, & si la poudre douce ou graveleuse ne pouvoit point redevenir pierre, suivant la temperature de l'air, la siccité ou l'humidité des saisons, comme on voit arriver tous les jours qu'une substance fort douce, de l'herbe, du tabac en poudre par exemple, devient une espece de pâte entre des doigts chauds & humides, que cette pâte semble se petrifier si on la laisse exposée à une chaleur seiche, & que cette même substance petrifiée retourne facilement en poudre ; Je ne sçay point les differentes mutations qui ont peû naturellement se faire dans nôtre Reliquaire ; mais je sçay bien que l'on n'y a pas dû trouver un nombril frais d'un enfant nouveau né, ny même rien qui dût aprés tant de siécles ressembler à la substance de ce vaisseau ; ce qui neanmoins auroit apparemment contenté. J'ay oüy dire que cette portion adherente à la chair, se petrifioit aisément lorsqu'elle en étoit détachée, & qu'il n'étoit pas difficile d'en fournir des exemples.

D'ailleurs il est fort vraysemblable que cette précieuse portion de la chair du Sauveur ait été embaumée, comme l'écrit le Docteur Nicolas Cassien, qui a écrit aussi, sans qu'alors on eût visité le Reliquaire de Châlons, que ce qui se trouve à Calcata, où les Papes sçavent que l'on conserve depuis le dernier sac de Rome une partie du S. Nombril, ne consiste pareillement qu'en petits grains & en fragmens de pierre.

Cette matiere pierreuse & graveleuse me confirme en verité fortement dans la foy de la Relique ; elle justifie qu'on n'a pas pensé à l'alterer, puisqu'on la trouve telle qu'elle doit être ; & sur tout s'il est vray ce que d'habiles gens & tres-dignes de croyance m'ont aſſeuré, que l'on avoit la preuve dans un livre qu'ils ont vû, du titre duquel ils ne ſe ſouviennent pas préciſément, & qui pourroit bien être *les Antiquitez de la Chapelle du Roy*, d'ancienne édition, qu'autrefois la dévotion étant extraordinaire pour les Reliques, on avoit fait avec de la poudre de pierre, priſe aux tombeaux des ſaints Apôtres & des Martyrs, une eſpece de pâte, dans laquelle on avoit incorporé le peu qui reſtoit des tres-précieuſes Reliques de Jeſus-Chriſt & de la Vierge, pour les conſerver plus facilement à perpetuité, en rendre le volume un peu plus gros, & pouvoir contenter la loüable pieté des fideles, & principalement des Princes qui en demandoient avec empreſſement. Vous êtes, Monſieur, en état de verifier cette recherche : c'eſt une facilité que nous n'avons point dans les Provinces.

Vous n'oubliés pas en cet endroit de faire attention à ce que j'ay marqué cy-devant, & qui eſt juſtifié dans le petit écrit qui a paru ſous le titre de Réponſe d'un Docteur de Paris à l'Eccleſiaſtique, que l'on a reconnu dans cette matiere pierreuſe *des pellicules*, ſoit qu'elles ayent pû naturellement & ſans mélange d'aucun corps étranger, s'y trouver encore, le reſte s'étant tourné en gravier, ou en terre morte ; ſoit qu'elles ayent été de deſſein formé enveloppées dans cette matiere pierreuſe qui les y conſervoit.

Revenons à la Lettre de notre Eccleſiaſtique, j'en paſſe les ſuppoſitions qui ont été relevées par l'Habitué de Nôtre-Dame, & par la réponſe du Docteur ; je conviens avec l'Eccleſiaſtique, du merite & du ſaint zele de Mr. de Châlons ; j'ay pour ſa perſonne, & pour ſon caractere ſacré un reſpect infiny, dont rien n'eſt capable de me faire écarter : mais comme la complaisance ne doit jamais faire trahir la verité, quelque risque que l'on coure en la découvrant, je ne puis demeurer d'accord que les affaires qu'il a soutenuës pour la discipline, ayent eu une réüssite qui ait répondu à l'ardeur de son zele, & à la droiture de ses intentions: je touche icy un sujet qui a fait du bruit, & qui a veritablement contristé tous les cœurs des Diocesains qui n'ont veû qu'avec douleur appesantir le joug sur leurs têtes, & introduire l'usage des Billets pour les Confessions Paschales; Dieu veüille en faire cesser le scandale: mais on n'y voit gueres de disposition, & le Procez-verbal qui m'est tombé entre les mains, & que je vous envoye, de ce qui s'est passé à Vassy à Pâques dernier au sujet de la permission de se confesser refusée par le Curé au Sieur de Grand-ville Subdelegué, & à la Dame son épouse, vous fera connoître le pitoyable état où cette nouveauté a mis le diocese.

Nôtre Auteur de la Lettre voudroit persuader *qu'il y avoit long-tems que Monsieur de Chálons entendoit parler differemment de la Relique en question, qu'il sçavoit que les uns l'adoroient, que les autres n'y avoient aucune foy, que d'autres même en parloient d'une maniere peu édifiante ; mais que ses affaires, ses visites, ses infirmitez l'avoient empêché de s'en instruire plus à fond par luy-même.* En verité il faudroit avoir un peu plus de sincerité: on convient de la grande application de ce Prelat, de ses affaires, & de ses infirmités ; mais on ne peut convenir des effets prétendus des goûts differens, qui faisoient naître de differens sentimens dans les esprits ; *les uns l'adoroient,* on n'ignore pas quand on parle ainsi, qu'on n'entend qu'une adoration relative à Jesus-Christ; & si le menu peuple ne sçait pas toûjours faire ces differences de culte, il faut tâcher de l'en instruire; *les autres n'y avoient aucune foy:* si quelques gens en petit nombre étoient dans ce cas, car on ne peut pas connoître l'interieur des pensées, on peut du moins asseûrer qu'ils n'en faisoient rien paroître, ils s'en tenoient à un respectueux silence, n'ayant pas eu l'occasion ou la curiosité de s'éclaircir du fondement que pouvoit avoir la pieuse croyance de la multitude; & aujourd'huy que la Providence a permis que l'on ait été obligé d'agiter ce sujet, ces mêmes gens qui pouvoient être dans un état douteux, sont pleinement convaincus de la verité de la Relique, qu'ils ne consideroient auparavant qu'avec indifference; mais que l'on en ait parlé *d'une maniere peu édifiante:* on l'a dit, & on le soutient, il n'y a jamais eu qu'un seul homme, assés désigné dans la Réponse du Docteur, & dans la Lettre de l'Habitué, qui ait osé par un esprit de singularité se servir de termes aussi peu convenables à la dignité de son caractère, qu'à la dignité de la Relique.

C'est pourtant cet homme qui a excité, pressé, sollicité, persuadé Monsieur de Châlons d'entreprendre, & d'executer, comme il a fait, l'enlevement dont nous nous plaignons.

Il n'y a personne qui ne voye combien il a passé les bornes de son pouvoir, en voulant détruire seul ce qui étoit bien étably par l'antiquité, & enlevant de nuit, aprés avoir fait fermer les portes de l'Eglise, une Relique autentiquement reconnuë pour telle par ses Prédecesseurs, suivis du Clergé & du peuple, de toute une Province. Il n'est pas necessaire, Monsieur, que je vous fasse remarquer combien cette pro-

cedure est irreguliere & insoutenable , combien elle
est dangereuse , combien elle est contraire aux Con-
ciles , aux saints Decrets, aux Reglemens du Clergé
de France , & aux Ordonnances. Vous sçavés beaucoup mieux que moy tous les moyens de Droit qu'il
faut employer pour obtenir le rétablissement que nous
demandons , & que nous croyons que l'on ne peut
nous refuser en Justice. Je suis persuadé que vous
n'oublirés pas de faire voir que la saine doctrine de
l'Eglise a toûjours condamné la curiosité dangereuse
d'examiner inutilement ce que le consentement des
peuples a rendu venerable par un ancien usage , suivant que nous l'enseigne Monsieur l'Abbé Fleury,
quand il dit *qu'on doit conserver soigneusement les
anciennes Reliques, sans les tirer de leurs chasses.*

Je ne puis m'empêcher de vous faire part en cet
endroit, de quelques observations, que peut-être a-
vés-vous faites avant moy.

L'illustre Monsieur Godeau dans son Histoire de
l'Eglise, liv. 4. nomb. 19. faisant connoître par tout
sa prudence ordinaire, nous dit en parlant des Cloux
avec lesquels Nôtre Seigneur a été attaché à la Croix,
que le nombre s'en est extremement multiplié, mais
*que chaque Eglise qui en possede défendant la verité
du sien, le jugement entre les prétendans ne se peut
faire sans donner lieu à des murmures fâcheux, &
peut-être à une desobéissance ouverte de la part de
ceux qui perdroient leur procez ; tant les peuples sont
indociles en cette sorte de choses, qu'ils défendent
plus ardemment que les veritez les plus essentielles
de la Religion ; D'où il conclud, qu'il faut préferer
le bien de la paix aux inquisitions d'une rigoureuse
discipline, & que c'est ainsi que l'Eglise , conduite par*

le S. Esprit, en a toûjours usé.

On sçait que Mr. Baillet dans la Vie des Saints qu'il a donnée au public, a épuré tout ce qui pouvoit être suspect ; cependant lorsqu'il parle des instrumens de la Passion qui se voyent en differens endroits, il fait assés connoître que quoy-que l'on n'en ait pas une grande certitude, les souverains Pontifes & les Princes ont toûjours crû qu'il étoit de la religion d'en conserver le culte, sans vouloir approfondir par des recherches inutiles, l'origine, la conservation, & la genealogie de ces objets de dévotion ; l'exemple qu'il rapporte de S. Charles, le modele de tous les Prelats, & qui n'étoit par superstitieux, est trop beau pour ne le pas citer mot à mot ; c'est au sujet d'un de ces Cloux dont nous parlions, lequel est à Milan, *Ce Saint, dit-il, jugeant que cette Relique étoit trop negligée, & qu'elle ne recevoit point de la devotion des peuples tous les honneurs qu'il croyoit qui pouvoient luy convenir, en fit une translation solemnelle dans sa Cathedralle, sans entreprendre de la verifier.*

Monseigneur le Cardinal de Noailles, cy-devant Evêque de Châlons, n'a-t'il pas fait ces sages reflexions, & ne s'est-il pas conformé à la sainte pratique de ne point troubler un usage reçû, lorsqu'après avoir fait examiner par Monsieur l'Abbé de Beaufort, dont la pieté & la capacité sont également reconnuës, les titres du S. Nombril, il crut qu'il étoit beaucoup plus à propos d'en laisser continuer la dévotion, que de l'affoiblir.

On demanderoit volontiers si le linge qui a touché une Epine de la Couronne de Nôtre Seigneur, que le Secretaire de Monsieur de Châlons dit, ainsi qu'il paroît par les actes des Chanoines de Nôtre-Dame, que ce Prelat vouloit mettre à la place de la Relique enlevée, quand il vint de sa part demander le Reliquaire le jour du Vendredy saint ; on demanderoit, dis-je, si ce linge est bien plus respectable, & bien plus averé ? & s'il tiendroit bien mieux la place d'une Relique.

C'est icy que nonobstant le profond respect que l'on a pour Monsieur de Châlons, on est forcé de dire qu'on luy a apparemment caché ce qui se passa ce saint jour ; son Secretaire fut témoin du commencement & d'une partie de l'émotion populaire, elle redoubla sur le soir, & continua pendant la moitié de la nuit ; les Ecclesiastiques & les Magistrats eurent beaucoup de peine à l'appaiser : ils apporterent de leur part tous les temperamens que la prudence peut suggerer dans ces occasions : cela est si notoire, que l'on est tres-persuadé que Monsieur de Châlons n'auroit eu garde d'écrire à Monsieur le Procureur General, qu'au lieu de contenir le peuple, *ils l'ont excité* ; s'il n'eût été surpris par ce même homme, dont nous avons déja parlé plus d'une fois, qui luy aura fait ce calomnieux raport, avec autant d'effronterie qu'il en a, quand il avance que l'on a fait *des menaces contre ceux qui ne contribueroient pas aux frais necessaires pour poursuivre le rétablissement de la Relique.*

On pourroit même, Monsieur, vous asseûrer que l'on a pendant un temps flaté le public de ce rétablissement ; & si le bruit qui s'est répandu *d'une emeûte populaire eût été une supposition*, comme le dit l'Auteur de la Lettre, les personnes qui ont la plus éminente autorité dans la Province, n'auroient pas donné cette esperance, qui seule étoit capable de calmer les esprits & de dissiper la tempête.

Au reste on a grand tort d'inventer des circonstances odieuses, & de supposer des menaces qui seroient fort superfluës, puisqu'il n'y a personne qui ne soit si touché de la perte commune, & qui ne soit si convaincu de la justice de la cause que nous défendons, que chacun est prêt pour la soutenir, de sacrifier avec ardeur sa liberté, ses biens, & sa vie même s'il le faut: Oüy, Monsieur, nous endurerons l'exil, la pauvreté, la mort même avec constance, pour laisser à nos descendans, ce qui a fait l'attachement de nos Peres, dont Dieu a souvent recompensé la devotion & la foy par des secours miraculeux.

Vous mettrés, Monsieur, ces raisons dans leur jour, vous employerés vôtre habilet' ....naire pour les faire valoir : & vous leur donnere ..... ec la force des moyens de fait & de droit que vôtre profonde érudition vous aura suggerés, ce tour de politesse & de beau langage qui vous est si naturel, & que l'on ne peut posseder que dans la capitale du Royaume.

Je suis, &c.

Lettre écrite à Monseigneur le Cardinal de Noailles.

MONSEIGNEUR,

Nous esperions que les justes remontrances & les humbles supplications que nous avons faites à Monseigneur nôtre Evêque vôtre Frere, auroient tout les succez que nous en devions attendre. Frustrez de nos esperances, permettez, Monseigneur, à vos anciennes oüailles, d'avoir recours à Vôtre Emipence, pour obtenir par son moyen, le retablissement d'une precieuse Relique, qu'il vient de leur enlever. Nous osons vous faire souvenir que vous avez eu de la veneration pour elle, que feüe Madame la Duchesse de Noailles l'a respectée, & qu'elle la honorée de riches presens ; Tous les habitans de cette Ville & du Diocese, conjurent Vôtre Eminence d'avoir encore aujourd'huy pour eux cette tendre compassion dans leur misere, dont vous leur avez donné autrefois tant de marques : si la douleur qui les accable ne peut fléchir Vôtre Eminence, qu'elle soit sensible aux outrages, que les nouveaux réünis font à la Religion, en publiant hautement qu'enfin les superstitions des Catholiques sont abolies, & qu'ils seront bien-tôt d'accord avec eux. Outrages dont ils ne peuvent tirer raison, qu'on ne leur ait rétably la Relique qui vient de leur être enlevée. Ne souffrez pas, Monseigneur, que nos ennemis nous chargent de confusion. Faites nous rendre ce précieux objet de la devotion de nos Peres, & nous en aurons toute nôtre vie une tres-parfaite reconnoissan-ce. Nous avons l'honneur d'être avec un tres-profond respect,

MONSEIGNEUR,

DE VOTRE EMINENCE,

Les tres-humbles & tres-obeis-sans serviteurs, les Chanoines, Curés, & les Paroissiens de Nôtre-Dame de Châlons.